IN ALTIS NON DEFICIO

BERNARD DE QUATREBARBES

ANGERS,
IMPRIMERIE DE LAINÉ FRÈRES, RUE SAINT-LAUD, 9.

1868.

A M. LE Mis DE QUATREBARBES,

COMMANDEUR DE L'ORDRE DE PIE IX.

MON CHER LOUIS,

C'est bien téméraire à moi de faire paraître ces pages après tant d'écrits qui ont fait connaître ton fils. Ce n'est qu'une pâle répétition de ce que tout le monde connaît et admire.

Après l'avoir beaucoup aimé comme tous ceux qui l'ont connu, je cherchais à me consoler de sa mort, en méditant les grands exemples qu'il nous a laissés, et j'écrivais les sentiments qu'ils m'inspiraient. Je voyais en lui ce qu'est l'honneur, le courage, le dévouement, la sainteté militaire, l'héroïsme du martyre. Il me rappelait continuellement ces paroles d'un des plus nobles martyrs dont il est parlé au livre des Machabées : *J'ai donné aux jeunes gens un grand exemple de force et de courage*. Oui, partout ton fils a donné l'exemple, toujours il a été un modèle, et telle est la pensée que je voudrais pouvoir faire comprendre comme je l'ai sentie. Mais tu ne retrouveras point ici ton fils tout entier, car il y a des figures qui sont si belles qu'il est impossible, à moi surtout, d'en reproduire l'expression. Je n'aurais point eu le courage de faire imprimer ce faible essai, si l'on ne m'eût assuré que, dans ta profonde douleur, tu y trouverais quelque consolation et surtout le gage d'une vieille et constante amitié.

P. LETELLIER,

Chan. hon., Aumônier de la Cté de St-Charles.

A Angers, en la fête de St Jean Apôtre, 27 décembre 1867.

BERNARD DE QUATREBARBES, né le 15 février 1840, montra dès son enfance les plus heureuses dispositions : un cœur bon et sensible, une grande droiture de caractère et de jugement, une telle horreur de la dissimulation, que jamais il ne s'excusa par un mensonge. Son intelligence se développa avant l'âge avec un grand désir de s'instruire.

Que son adolescence ait été innocente et pieuse, il ne pouvait en être autrement au sein de deux familles qui avaient conservé intactes les mêmes traditions de foi, de piété et d'honneur, car le nom des Quatrebarbes ne pouvait mieux s'allier qu'à celui des La Bretesche.

Sa première communion fut accompagnée d'une ferveur angélique. Au sortir de la table sainte, qu'il avait inondée de ses larmes, il se jeta entre les bras de son père vénéré, de sa pieuse mère, en s'écriant : « Que je suis heureux ! oh ! je sais maintenant ce que c'est que pleurer de joie. »

Ce fut pour son cœur un sacrifice déchirant lorsque, à l'âge de onze ans et demi, il quitta la maison paternelle pour entrer au collége de Vannes. Il ne pouvait croire qu'il y eût d'autre bonheur que celui de la famille. Ce sentiment ne fit que s'accroître en lui ; plus tard, il répétait souvent : « J'ai passé ma vie à la porte, ou plutôt dans l'antichambre du bonheur. » Sur son lit de mort, il disait encore à sa sœur Hermine : « Moi qui ne demandais qu'à jouir de la vie de famille, j'en ai toujours été privé. »

Son plus beau jour de collége fut celui de son admission dans la Congrégation de la sainte Vierge ; mais écoutons-le lui-même exprimer son bonheur dans une lettre adressée à l'un de ses meilleurs amis, le 12 avril 1856, où respire, comme dans toutes ses lettres, une angélique piété :

« Mon cher Yves, je suis en joie, en grande joie, et j'en fais part à tous mes amis. Quand tu recevras cette lettre, je serai congréganiste; c'est demain que je ferai ma consécration : quel bonheur! Enfin je serai toujours dévoué, consacré enfant de Marie. Réjouis-toi avec moi et prie pour moi, car maintenant je suis ton frère en Marie; je ne t'oublierai pas non plus devant l'autel de la sainte Vierge. Il y a longtemps que je désirais, que je demandais cette faveur : enfin la sainte Vierge a bien voulu de moi, j'espère qu'elle me gardera toujours et qu'elle me fera la grâce de ne plus la quitter de ma vie. »

La formule de la consécration se terminait par ces paroles : « Ne m'abandonnez point à l'heure de ma mort. » Oh! non, Marie ne l'a point abandonné, car sur son lit de mort une de ses plus grandes consolations au milieu de tant de souffrances sera de réciter son chapelet avec son père, sa tante et sa sœur.

On dirait qu'il a plus de joie dans cette lettre que dans celle qu'il écrira après la victoire de Nerola, à laquelle contribuera si puissamment son glorieux fait d'armes. C'est qu'à cette époque de sa vie de collége il avait, si jeune encore, remporté sur lui-même des victoires qui lui avaient demandé bien des sacrifices. Sans doute, dès son entrée au pensionnat, aimé de tous, il avait été toujours un charmant écolier, plein de candeur et d'innocence; mais il faut l'avouer, tout d'abord il comptait plus sur sa grande facilité que sur l'étude. D'un caractère très-gai, il n'aimait pas beaucoup la discipline ferme du collége, et parfois il lui échappait d'y manquer. Mais il comprit bientôt que pour devenir homme il fallait être studieux, et que pour être vraiment chrétien, il avait besoin d'une vertu forte et courageuse; vers l'âge de quinze ans, à force d'efforts, il s'était vaincu lui-même. Sous la direction de saints religieux, qui sont les premiers maîtres de la véritable éducation chrétienne, ses talents prirent alors un aussi rapide essor que les heureuses qualités de son cœur; et nous savons que le jeune écolier pratiquait déjà cette mortification qui donne à l'âme une force surhumaine. De brillants succès couronnèrent ses études, et il dut à la confiance de ses maîtres et à l'estime de ses condisciples d'être nommé préfet de la Congrégation de la sainte Vierge; car il était devenu l'élève le plus accompli comme il avait toujours été le plus aimable, et il exerçait autour de lui la plus heureuse influence. Si son extrême modestie ne l'avait fait se méconnaître lui-même, déjà il aurait pu dire en quittant le collége : *Je laisse aux jeunes gens un grand exemple.*

L'examen pour le baccalauréat ès-sciences fut soutenu par Bernard d'une manière si brillante, qu'on lit dans un rapport du doyen de la faculté de Rennes que l'examen de Bernard fut un des quatre les plus remarquables dans le courant de cinq années.

Ses premières études terminées, conformément au désir de son père, il alla les compléter à Paris au pensionnat de la rue des Postes, en se livrant tout entier, durant deux années, à l'étude spéciale des mathématiques, pour lesquelles il avait une aptitude remarquable. Là, il fut ce qu'il était à Vannes, ou plutôt il y grandit autant en vertu qu'en science. Un des directeurs les plus éclairés dans la conduite des âmes, et qui a connu le plus intimement Bernard, portait de lui ce jugement dans un entretien intime : *Bernard est un saint jeune homme : il sera saint partout où il ira.*

Son souvenir était resté vivant au pensionnat de la rue des Postes et à Vannes : beaucoup marchent encore sur ses traces ; et aujourd'hui sa mémoire y est en vénération, depuis qu'aux premières couronnes de l'étude il a joint celle de la gloire militaire et du martyre chrétien.

Il s'était préparé pour les examens de l'école polytechnique ; il était un de ceux dont ses professeurs regardaient le succès comme le plus assuré. Il échoua : Dieu avait sur lui d'autres desseins. Cet échec fut très-sensible à Bernard, car il pensait que son père en serait affligé. Toutefois, loin de chercher à le cacher, il était le premier à en parler. Entendant un jour, au milieu d'une réunion, son oncle le comte Théodore de Quatrebarbes parler de son brillant succès pour le baccalauréat, il ajouta tout aussitôt : « Mon oncle s'amuse à raconter mes succès, il ne dit pas que j'ai été refusé à l'examen de l'école polytechnique. » Mais il se garda bien d'ajouter que classé le vingt-septième sur cinq ou six cents aspirants pour l'examen écrit, il n'avait manqué, à l'examen oral, sa réception que de trois numéros.

Il avait vingt ans alors ; c'était en 1860. Tout lui promettait dans le monde le plus bel avenir : un des plus beaux noms de l'Anjou, une éducation brillante et solide, une vertu aussi ferme qu'aimable et, pourquoi ne le dirais-je pas aussi, la noblesse de son front, la distinction de ses traits, la douceur de son regard, une noble gravité répandue sur toute sa personne, étaient comme le reflet de son âme.

Oui, tout, sans même parler de la fortune, lui promettait le bonheur. Mais il avait trop reçu de Dieu pour rester un serviteur inutile, et son père n'aurait pu y consentir; car, lui-même, il avait trop souffert d'être obligé de briser son épée dès en sortant de l'école militaire en 1830.

Que fera Bernard ?.. Deux pensées, deux sentiments tout opposés occupent, agitent son âme. Il sent que tout en lui le porte, l'entraîne vers la vie de famille qui de tout temps a été la seule ambition de son cœur; mais déjà depuis longtemps la pensée des persécutions, des dangers de l'Église ont donné à son âme la soif du dévouement et du sacrifice. Bien des fois il a ambitionné le sort de ses deux cousins Georges d'Héliand et Zacharie du Reau qui, parmi les premiers *conscrits de Dieu*, s'étaient enrôlés sous la bannière de l'Église. Mais il faut quitter sa famille, tout ce qu'il aime : il y eut alors une lutte terrible, si je puis dire, entre sa foi et son cœur.

A cette époque, tout semblait, humainement parlant, perdu pour la cause temporelle de l'Église : Lamoricière venait d'être vaincu pour la première fois de sa vie; ou plutôt la noble phalange qu'avait improvisée son génie avait été assassinée contre toutes les lois de la guerre dans un infâme guet-apens. Pimodan, Guérin et tant d'autres étaient morts couverts de blessures; une balle frappant Georges d'Héliand au front lui avait donné la couronne du martyre ; son autre cousin, Zacharie du Reau, échappé au massacre, après avoir marché six jours et six nuits pour regagner Rome, était livré par un traître ; Ancône avait capitulé en voyant encore durant de longues heures son drapeau parlementaire en butte aux boulets du général Cialdini ; le vainqueur d'Afrique et le noble gouverneur d'Ancône étaient emmenés prisonniers, et les tristes, ou plutôt les nobles débris de la petite armée de l'Église, étaient traînés à travers l'Italie, au milieu des huées d'une vile populace et de leurs insolents vainqueurs : tout semblait perdu, fors l'honneur.

Que fera Bernard ? La prudence, la sagesse semblent lui dire au moins d'attendre et de se réserver pour des jours meilleurs : partir alors, n'était-ce pas une folie ? Mais il sait que *ce qui semble folie en Dieu est plus sage que toute la sagesse humaine ;* que *ce qui semble faiblesse en Dieu est plus fort que toute la force des hommes.* Personne dans sa famille ne veut prendre la responsabilité d'une détermination. Bernard, après s'être éclairé des conseils des hommes les plus sages, et surtout après avoir consulté Dieu dans la prière et le recueillement d'une retraite, prend une résolution invariable. Les larmes aux yeux il prie ses parents de bénir son départ. Il n'y avait que pour Dieu qu'ils pussent faire un tel sacrifice. Il partira, non point par un de ces entraînements chevaleresques, beaux, nobles sans doute et d'autant plus admirables qu'ils étaient plus rares alors ; il part par conscience, par devoir, uniquement par un motif de foi, et contre toutes ses inclinations naturelles. Ah! sans doute, il n'a point oublié, lui, le vieil adage : Noblesse oblige ! Descendant des croisés, il n'a point oublié la devise des preux ses ancêtres : *In altis non deficio.* Alors que tant d'autres laissent leur blason se flétrir, il sait, lui, qu'il doit faire briller le sien d'une illustration nouvelle. Il sent que l'honneur lui dit de partir, il partira, mais avant tout, je puis dire uniquement parce qu'il est chrétien, enfant de l'Église catholique ; il sait, comme *Louis de Poissy*, que c'est son plus grand titre de gloire. N'eût-il été que l'enfant du peuple, il serait parti également, car il est de ces âmes d'élite que Dieu s'est choisies pour faire contrepoids aux défaillances de tant d'autres. Il partira, et si son dévouement rencontre la mort, ce sera la mort d'un martyr, car, librement, il se sacrifie pour Jésus-Christ et son Église, et la mort lui sera donnée en haine de Jésus-Christ et de son Église. A toutes les objections que rencontre sa détermination, en dehors de sa famille, il répond avec autant de simplicité que de modestie : « Mon cousin Georges d'Héliand a été tué, je dois le remplacer. »

Son cœur ne rencontra qu'un assaut qui eût été redoutable pour bien d'autres, ce fut au château de Chanzeaux où il était allé faire ses adieux. Le gouverneur d'Ancône sentit son cœur tressaillir de joie et battre d'un noble orgueil ; il se retrouvait tout entier dans son petit-neveu. Mais, pourquoi ne le dirais-je pas, on me pardonnera cette indiscrétion, dans le manoir de ses pères était une noble châtelaine qui depuis longues années faisait reposer sur Bernard ses affections les plus tendres et tous ses projets d'avenir. Elle ne put se faire à la pensée des dangers qu'il allait affronter, à la pensée de ne plus revoir l'enfant adoptif de son cœur, car elle avait retrouvé en lui le fils unique que Dieu lui avait enlevé au jour même de sa naissance. Durant plusieurs heures, on peut dire qu'elle attaqua le cœur de Bernard et sa détermination par tous les motifs, les considérations de famille qu'elle savait être si puissants sur son âme ; et, comme dernière ressource, le trouvant toujours inébranlable, elle l'embrasse avec tendresse, et lui révèle pour la première fois ses projets : « Reste, Bernard, ou ajourne ton départ, je t'assurerai au jour de ton mariage ce château et la terre de Chanzeaux où tu perpétueras les vertus et les bienfaits de ton oncle dans toute la contrée. » Bernard n'avait que vingt ans, combien d'autres eussent hésité.

Après avoir remercié sa tante avec effusion, il ajouta d'une voix douce et émue : « Ma chère tante, je ne serais pas digne de vos bontés, si je ne suivais pas l'exemple de mon oncle. » Il parlait à un cœur digne de comprendre le sien : il partit, et la tendresse de sa tante, comme ses projets d'avenir, ne firent que s'accroître. Mais, hélas ! elle le pleurera comme une mère pleure son fils unique. Il partit, et Dieu seul connut tous les combats que se livrèrent dans l'âme de Bernard l'amour de l'Eglise et celui de la famille ; et il donna aux jeunes gens un grand exemple de force et de courage qui bientôt sera suivi par beaucoup d'autres.

A peine arrivé à Rome, après avoir reçu la bénédiction de Pie IX, il débuta par un bien grand sacrifice. Il désirait ardemment entrer dans le bataillon des zouaves, où il trouvait son cousin Zacharie du Reau, déjà vétéran de Castelfidardo, et avec lui un grand nombre d'amis de collége ; il le désirait surtout parce qu'il y remplacerait Georges d'Héliand. Puis aussi ce saint jeune homme, redoutant les dangers que partout l'on rencontre à vingt ans, même sous le ciel de Rome, pensait qu'il serait plus fort avec ses anciens condisciples.

Son père et son oncle, conformément au conseil du général de Lamoricière, désiraient qu'il prît du service dans la batterie française d'artillerie qui était en voie d'organisation, pensant que cette arme convenait mieux à ses études, à son caractère calme et réfléchi, et qu'il y rendrait plus de services. Bernard resta à Rome plus de quinze jours sans pouvoir s'y résigner. Enfin il alla communier de nouveau près du tombeau de saint Pierre ; et, après avoir consulté Dieu durant une action de grâce plus prolongée encore qu'à l'ordinaire, il pensa qu'il était plus parfait de sacrifier tous ses goûts, et de suivre les désirs de son père. Le jour même, apprenant qu'on partait pour l'expédition de Ponte-Corèze, il s'engagea comme simple artilleur, et entra immédiatement en campagne avec un très-modeste uniforme, qu'il ne compléta qu'en achetant de vieux boutons à un artilleur français. Plus tard, lorsque la batterie française fut supprimée ou plutôt réunie à l'artillerie romaine, les volontaires qui se trouvaient avec Bernard, quittèrent presque tous pour passer dans les zouaves ; lui, resta fidèle à son arme.

Depuis son départ pour Rome, il avait été question pour lui de plusieurs alliances considérables. « Nous verrons cela à notre retour, » disait-il invariablement, « quand le Pape n'aura plus besoin de nous ; maintenant, je suis marié avec ma batterie. »

Nous savons que Bernard, en entrant dans l'artillerie, offrit ce grand sacrifice afin d'obtenir que Dieu continuât de bénir toujours sa famille ; bientôt il s'y affectionna complètement. La vie de soldat l'occupa alors tout entier sans lui faire négliger, non-seulement ses devoirs de chrétien, mais aussi les pratiques de la plus tendre piété. Souvent, bien souvent il allait à la sainte table recevoir le pain qui fait les forts. Il se fit toujours gloire de porter sous son uniforme le scapulaire de la sainte Vierge ; et le soir dans le mois de mai, une de ses plus grandes joies était de pouvoir quelquefois se réunir avec ses cousins et ses anciens amis de collége pour l'exercice du mois de Marie. Oui, soldat et officier, ce sera toujours le pieux enfant de Marie. Aussi, son cœur, comme son honneur, restera sans tache au milieu des camps ; il reparaîtra toujours avec confiance devant son père et pourra, sans rougir, embrasser et sa sainte mère et ses pieuses sœurs.

Inutile de dire combien fut pénible pour Bernard, surtout dans les premiers temps, le rude métier de simple artilleur et la vie de caserne au milieu d'étrangers. Jamais cependant il ne chercha, par des exemptions, à adoucir sa position. Brigadier au bout de deux mois, il fut bientôt après désigné pour être maréchal-des-logis. A cette nouvelle, Bernard va trouver ses chefs et les supplie de nommer à sa place un de ses camarades plus ancien de grade de huit jours et qui, disait-il, avait plus de droits que lui. Ses instances furent telles que sa demande fut acceptée. Un mois seulement après, il était nommé maréchal-des-logis, et au bout de deux ans maréchal-des-logis chef.

La batterie était devenue sa famille, il s'en occupait constamment. Le service dans les plus petits détails, la nourriture de ses hommes, leur bien-être, leur instruction militaire, rien ne lui était étranger. Il avait appris promptement l'italien et connaissait cette langue dans toutes ses délicatesses. Tous les soldats de sa batterie, Romains ou Français, avaient pour lui un profond attachement : il était pour tous un ami, un père. « Je ne comprends rien à la manière d'agir de Quatrebarbes, » disait un officier supérieur, « personne n'est plus obéi du soldat, et il n'est pas même obligé de punir. »

Depuis longtemps, la voix de tous les soldats et celle de ses chefs le désignaient pour être officier ; on était alors au mois de décembre 1863. Bernard apprenant qu'il allait être nommé, va trouver le colonel Blumenstil, commandant l'artillerie, et lui dit qu'il n'est point venu servir le Saint-Père dans l'espoir d'avancement ; que dans ce moment il n'y a point de nomination possible dans la batterie, que le cadre est complet, qu'il faudrait déplacer un officier italien, son ami, qui l'a toujours traité plutôt en camarade qu'en chef ; qu'enfin, il sert le Saint-Père comme maréchal-des-logis d'une manière plus utile que comme sous-lieutenant ; qu'il a toute la confiance de ses artilleurs ; qu'il espère faire prendre de nouveaux engagements à plusieurs d'entre eux, ce dont il serait moins certain s'il ne logeait plus à la caserne et s'il avait l'épaulette.

Le colonel lui répondit : « Mon cher Bernard, je savais que vous êtes le meilleur des hommes, mais c'est pousser le dévouement trop loin. » Quoi qu'il en soit, les instances de Bernard retardèrent sa nomination de cinq mois.

Son colonel écrivait à cette occasion à M. le comte Théodore de Quatrebarbes :

Rome, 20 avril 1864.

« MONSIEUR LE COMTE,

» Voici notre jeune sous-lieutenant qui va passer trois mois dans sa famille. J'ai été fort heureux de sa promotion, plus pour vous que pour lui-même, car dans son admirable modestie et son dévouement désintéressé pour la cause qu'il sert si bien, il était aussi content simple soldat que sous-officier et même officier.

» Nous ne pouvons assez nous louer de lui : c'est véritablement un jeune homme parfait qui fait tout le bien et évite tous les écueils. Vous pouvez en être content et fier. Il pourrait même lire cette lettre sans que nous ayons à craindre qu'il devienne orgueilleux.

» Recevez, etc.

» BLUMENSTIL, Colonel d'artillerie. »

Sa nomination de lieutenant à la fin de 1866 lui fit renouveler les mêmes démarches pour son sous-lieutenant. Cette fois, il alla trouver le comte Caïni : — Mon colonel, lui dit-il, est-il vrai que je vais être nommé lieutenant ? — Oui, et pourquoi cette question ? — Parce que cet avancement serait mieux appliqué à mon camarade X. Je n'ai pas besoin d'augmentation de solde, ses services égalent au moins les miens, et d'ailleurs, lieutenant ou sous-lieutenant, je commande le même nombre de pièces, et puis rendre les mêmes services. — Mon cher Quatrebarbes, je ne puis revenir sur ce que j'ai proposé, lui répond en riant le colonel Caïni ; cependant je vais vous indiquer un moyen : le Pape a signé hier soir votre nomination; demandez-lui une audience, et priez-le de défaire ce qu'il a fait. — Vous vous moquez de moi, mon colonel. — Un peu, mon ami ; croyez-moi, subissez donc de bonne grâce votre avancement.

Que de traits de générosité nous pourrions citer encore ! Bernard s'était aperçu qu'un officier ne pouvait que difficilement subvenir aux besoins de sa famille ; avec une délicatesse plus grande encore que sa générosité, il réussit à lui faire accepter une somme de sept cents francs. L'âme et le cœur de Bernard se révèlent ici tout entiers : esprit d'abnégation, de sacrifice, amitié généreuse ! Quel autre plus que lui aurait eu le droit de dire dans toute sa vie de soldat : *Je laisserai aux jeunes gens un grand exemple.*

Il leur donna encore l'exemple d'une constance à toute épreuve ; et fut avec ses cousins du Reau du nombre de ceux qui restèrent inébranlables à leur poste. Les ennuis de l'inaction à laquelle ils furent si longtemps condamnés, des difficultés, des déboires de tout genre, rien ne put lasser leur persévérance ; et, à travers bien des épreuves, ils restèrent comme l'âme de cette petite armée à laquelle beaucoup d'autres venaient donner leurs noms sans avoir toujours le courage d'attendre, car ils auraient voulu sur-le-champ vaincre ou mourir. Loin de moi de vouloir, à leur détriment faire l'éloge de Bernard. Non, gloire à eux tous ! car tous ont reparu à l'heure du danger. Eux-mêmes, loin de m'en vouloir, ils seraient les premiers à proclamer que Bernard a été du nombre de

2

ceux qui méritèrent d'être surnommés, à Rome : *Les fidèles de Gédéon.*

Trois fois seulement dans le cours de sept ans il reviendra passer quelques semaines de congé au sein de cette famille qu'il aimait tant et des bras de laquelle il ne pouvait s'arracher qu'en fondant en larmes. Lors de son dernier adieu, il y a plus d'un an, il y eut dans son dernier regard vers la maison paternelle de la Sionnière une expression indicible de tristesse, sans toutefois que son âme faiblît un instant. Un pressentiment cruel semblait dire à son cœur : *Tu ne la reverras plus !* Mais bientôt il leva ses regards vers le ciel, et ce sombre nuage disparut de son front.

Les épreuves les plus pénibles se succédaient pour Bernard : durant plus de trois mois, dans le courant de l'année dernière, un mal des plus cruels le menaça de lui faire perdre la main droite; on eût dit que Dieu déjà le préparait au martyre. Combien d'autres eussent quitté le service ou du moins demandé un congé de convalescence.

Bernard n'y pensera même pas, car le moment du danger semble approcher chaque jour : tout en effet se tramait, non plus dans l'ombre, mais à la face du soleil pour un suprême effort contre le Vicaire de Jésus-Christ et son Eglise. Depuis longtemps déjà, les mille voix de la presse avaient vomi de toutes parts le mensonge, la calomnie, le sarcasme contre Pie IX, son peuple et ses vaillants défenseurs. Le parjure et l'hypocrisie avaient préparé leurs armes, le poison, les poignards, les machines infernales, car tout est permis contre Dieu. Une armée nombreuse, une artillerie formidable enserrent de toutes parts le petit patrimoine de Saint-Pierre. Ils ont juré de protéger, de défendre le Vicaire de Jésus-Christ et, nouveaux Judas, ils s'approchent sous les dehors de l'amitié; ils veulent aussi eux le livrer en l'embrassant, et j'entends déjà mettre à l'encan les biens de l'Eglise, car il faut à tout prix trouver encore trente pièces d'argent pour payer les traîtres.

A travers ces bataillons si nombreux, déborde de toutes parts un brigandage immense qui, comme un torrent chargé des immondices de l'Italie, inonde les campagnes romaines, et déjà ses premières vagues ont souillé les murs de la ville sainte.

Lamoricière, où es-tu avec ton épée et le prestige de ton nom?... Mais non, ta gloire était trop grande! Dieu qui veut montrer la puissance de son bras, a semblé craindre qu'on ne vît que le grand capitaine, le vainqueur d'Afrique. Lamoricière est mort en serrant son crucifix sur son cœur Mais du haut du ciel ne semble-t-il pas avoir réalisé la vision de Judas-Machabée qui, au milieu d'un mystérieux sommeil, vit un homme couvert de gloire et d'une grande beauté qui lui dit en lui présentant de sa main droite un glaive d'or : « Prends cette sainte épée qui est un don de Dieu, et avec elle tu extermineras les ennemis d'Israël mon peuple? » Oui, Lamoricière est allé recevoir la palme immortelle; mais en mourant il a laissé son épée à l'armée de l'Église, car les grands hommes se survivent toujours à eux-mêmes. Dieu lui a demandé son héroïque dévouement, son sacrifice, et maintenant que tout semble désespéré, il va faire, contre toute espérance, éclater sa puissance et sa gloire.

Grand Dieu! levez-vous donc, et vengez votre cause!

Où sont donc vos défenseurs ? Je n'en vois pas un contre dix. Mais Pie IX leur a dit aussi lui : « *Je vous envoie comme des agneaux au milieu des loups... ne craignez pas, petit troupeau... j'ai prié pour vous.* » Et voilà que ces jeunes agneaux sont devenus des lions terribles ; les enfants sont devenus des géants, et les loups sauvages ont fui honteusement. Mais ceux-là eux-mêmes qui ont juré de les arrêter se cachent sous la peau du loup, et ils reviennent plus nombreux.

Bernard fait partie de la colonne commandée par l'intrépide Charette, et destinée à chasser l'ennemi des positions importantes qu'il occupe déjà. Mais, laissons Bernard parler lui-même.

Monte-Libretti, 17 *octobre.*

« Ma bonne mère,

» La colonne commandée par le lieutenant-colonel de Cha-
» rette, et dont je fais partie, s'est dirigée de Monte-Rotondo
» sur Monte-Libretti pour réparer l'échec des zouaves.
» Les chemins sont impraticables aux voitures, aussi
» craignait-on de ne pouvoir y conduire d'artillerie. J'ai
» insisté, parce que je suis convaincu que l'on perdrait
» beaucoup de monde en essayant de reprendre sans artil-
» lerie des villages de ce pays qui sont, la plupart, entou-
» rés d'anciennes fortifications et fermés de portes très-
» épaisses. Le lieutenant-colonel m'a permis d'emmener
» ma pièce rayée ; nous avons eu des chemins épouvanta-
» bles, mais avant même notre arrivée l'ennemi avait dis-
» paru. Nous partirons demain pour Nerola ; ne soyez point
» inquiets : je me suis confessé et j'ai communié la veille

» de mon départ. Je vous écris cette lettre les yeux littéra-
» lement fermés par le sommeil. Adieu, ma bonne mère,
» je vous serre dans mes bras de tout mon cœur, ainsi que
» tout mon monde.

» BERNARD. »

Au lendemain de la victoire, qui est due principalement à la pièce d'artillerie de Bernard et à la justesse de son tir, il écrit à sa mère, car son cœur trouve le moyen de lui envoyer presque chaque jour quelques lignes.

« *Nerola, 19 octobre.*

» Ma bonne Mère,

» Nous venons de déloger l'ennemi de Nerola. La posi-
» tion de la ville est très-forte, et surtout celle du château
» qui est presque inaccessible. J'ai donc entendu siffler
» quelques balles ; j'avais depuis longtemps le désir de me
» voir au feu, je ne suis pas trop mécontent de cet exa-
» men. Je me suis assez occupé de mon affaire pour ne pas
» faire grande attention à autre chose. Je pensais bien
» que la mort était tout près de moi, mais cette préoccu-
» pation ne descendait pas dans ma volonté ; j'étais tout
» à mon métier. Nos boulets fracassaient le château, et les
» garibaldiens n'ont pas tardé à se rendre. Nous n'avons
» eu que cinq hommes mis hors de combat ; remerciez
» Dieu pour moi.

» BERNARD. »

Qui pourrait penser, à la lecture de cette lettre, que

c'est ce beau fait d'armes de Bernard qui a le plus contribué à rendre cet important succès aussi prompt que peu meurtrier ? Dans sa modestie, il semble être le seul à ne pas connaître la gloire dont il s'est couvert, et déjà tous les échos du monde catholique retentissent de son nom.

D'abord les garibaldiens s'étaient embusqués derrièreles fenêtres de deux vastes salles du palais. Bientôt délogés par les grenades que leur envoyait Bernard, et qui leur tuaient beaucoup de monde, ils allèrent s'abriter sous la grande tour, vers laquelle alors Bernard dirigea son tir. Son premier boulet abattit le drapeau italien. Quelques instants après, le couronnement de la tour tombait sur l'ennemi, qui se rendait à discrétion. Le commandant de la place, Valentini, en voyant Charette et ses officiers entrer, s'écria, les bras en croix et pâle comme la mort : « Fusillez-moi, mais épargnez mes hommes. » Ils n'avaient rien à craindre, là comme ailleurs, de la générosité des pontificaux. Valentini, conduit au fort Saint-Ange, ayant su plus tard que Bernard avait été blessé à Monte-Rotondo, s'informait chaque jour de son état, et fut vivement affligé en apprenant sa mort.

Nous sommes heureux de pouvoir citer ici, comme le résumé le plus complet de cette brillante affaire, le rapport du lieutenant-colonel de Charette qui tout d'abord s'était rendu avec sa colonne de Rome à Monte-Rotondo :

« J'arrivai, le 16 au soir, à la tête d'une colonne composée de trois compagnies de zouaves, quatre de la légion, trois de carabiniers, une demi-batterie d'artillerie, un peloton de cavalerie et une escouade du génie, le tout montant à mille cinquante hommes. Je réunis le soir les chefs de corps et de service pour leur donner l'ordre de marcher ; et, après beaucoup d'hésitation, je résolus d'emmener une pièce d'artillerie avec son caisson, sur les demandes réitérées du lieutenant de Quatrebarbes, qui prit sur lui, malgré le déplorable état des chemins, de conduire sa pièce à Nerola. Parvenu à trois cents mètres de la place, le lieutenant de Quatrebarbes ayant trouvé dans un des coudes de la route un endroit propice au tir de l'artillerie, établit sa pièce, à laquelle je laissai comme garde une compagnie de zouaves.

» L'ennemi s'étant renfermé dans le château, le rôle de l'artillerie commençait; son tir, dirigé avec une grande habileté, fit bon effet sur les murailles, et meilleur encore sur ceux qu'elles abritaient. Aussi la place se rendit au bout de deux heures de feu, sans que Menotti Garibaldi, qui se trouvait à une heure de nous avec 3,500 hommes à Montorio-Romano, ait eu l'idée de venir nous attaquer. C'est en grande partie à M. de Quatrebarbes que se doit le succès de la journée, et je ne puis assez me louer de son zèle infatigable et de l'intelligence avec laquelle il sut faire passer sa pièce dans des chemins impraticables, et la porter ainsi sous les murs de Nerola, que nous aurions certainement pris, mais au prix de beaucoup de temps et de pertes; ce qui aurait peut-être permis à Menotti Garibaldi de faire une diversion. Du reste, le lieutenant de Quatrebarbes n'a cessé, dans cette courte campagne, de montrer toutes les qualités d'un officier complet dans son arme, aussi bien que sage et persévérant dans les difficultés.

» Le lendemain nous nous rendîmes à Monte-Rotondo où nous arrivâmes le soir.

» Le commandant, baron DE CHARETTE. »

Ces infatigables soldats de Dieu ne prenaient que le temps de recueillir leurs blessés, comme aussi ceux de l'ennemi, pour voler à de nouveaux combats.

Le lieutenant-colonel de Charette n'a pu laisser à Monte-Rotondo qu'une bien faible garnison de 323 hommes, Bernard en fait partie. Tout d'abord il fut chargé d'aller couper le chemin de fer; opération bien dangereuse, car il fallait l'exécuter au milieu des bandes garibaldiennes qui couvraient le pays, et il n'avait pour protéger ses travailleurs que 40 carabiniers commandés par le sous-lieutenant Pool. Cependant il poussa l'audace jusqu'à s'avancer à 1,200 mètres de Corèze, qui était un des principaux centres de réunion pour les brigands, et détruisit la voie ferrée sur une longueur de 500 mètres, à deux lieues et demie de Monte-Rotondo; il rentra sans avoir rencontré l'ennemi, lequel avait craint, paraît-il, de s'aventurer par une pluie torrentielle, qui ainsi protégea la colonne de Bernard, tout en l'incommodant beaucoup.

Citons ici, en passant, un petit trait qui semble peu de chose, mais qui peint le caractère de Bernard; il nous délassera d'ailleurs de ces tristes scènes. Durant les courts instants que Bernard avait de libres, son seul plaisir était de jouer avec le fils du capitaine Costes, âgé de cinq ans. Madame Costes l'ayant prié de ne pas porter la bonté si loin : « Ah! laissez-moi donc, lui dit-il, il me semble que je m'amuse avec mon petit frère que j'aime tant et qui est à peu près de même âge. » Cette courageuse femme, au moment le plus dangereux de l'attaque, accourut dire à son mari : « Ne pense pas à nous, fais comme si nous n'étions pas ici. » Le commandant, il est vrai, n'avait pas besoin de cette parole, car chez lui l'honneur et le devoir l'emportaient sur toutes les affections les plus tendres.

Battus de tous côtés, les brigands, réunis au nombre de cinq ou six mille, marchent sur Rome comme noble avant-garde de l'armée italienne. Ils n'en sont plus qu'à quelques heures, au pied de Monte-Rotondo, qui n'a pas plus de défenseurs que les Thermopyles. La résistance est impossible; n'importe, il faut à tout prix arrêter le torrent, ou tout au moins suspendre sa marche pour donner aux frères d'armes le temps d'accourir au secours de Rome.

A l'instant où Garibaldi commençait son attaque, le ministre des armes, n'ayant à Rome que 1,500 hommes, y compris la gendarmerie, se trouvait dans l'impossibilité d'envoyer du renfort à la petite garnison de Monte-Rotondo : il fallait qu'elle se sacrifiât. On peut dire que ce fut son héroïque défense, dans laquelle Bernard eut une si large part, qui sauva Rome, en donnant aux pontificaux le temps de s'y concentrer, et en jetant le désarroi et la terreur parmi les garibaldiens qui furent décimés. Mais taisons-nous, écoutons ce que Bernard écrit à sa mère, de Monte-Rotondo, le 30 octobre. Cette fois, c'est sur un lit de douleur qu'il lui écrit d'une main mutilée et encore toute saignante :

« Ma bonne Mère,

» J'ai été blessé le 25, vers trois heures après midi. La » défense a duré depuis le vendredi à six heures du matin » jusqu'au samedi à neuf heures ; l'artillerie n'a pu rendre » tous les services que j'aurais voulu, il eût fallu pour cela

» des travaux considérables. Pour faire quelque chose, » nous étions obligés de sortir des portes en nous mettant » tout-à-fait à découvert. C'est vers la porte Romaine » qu'était dirigée la principale attaque par les garibaldiens, » embusqués aux fenêtres des maisons situées à quelques » pas. Il était indispensable de les en déloger.

« Le capitaine Costes, qui commandait la garnison, me » demanda si nous pourrions sortir un obusier par la porte » Canonica et mettre en batterie contre ces malheureuses » maisons. Je lui répondis que nous serions très-exposés, » mais que c'était bon à tenter comme très-utile pour la » défense. La position était telle que nos feux d'infanterie » ne pouvaient guère nous protéger. Déjà, de moi-même, » j'avais essayé quelques heures auparavant, et mon ma- » réchal-des-logis avait été tué sur la pièce que j'avais ra- » menée de Nerola. J'étais d'abord sorti seul pour voir le » point exact où il fallait mettre en batterie, afin d'éviter » à mes canonniers toute attente et par conséquent tout » prétexte d'hésitation; car le premier coup tiré, tous ceux » qui ont du cœur le retrouvent : auparavant les hési- » tants sont plus nombreux. Il n'y avait point d'infanterie » ennemie assez voisine pour nous enlever à la baïon- » nette, et les légionnaires qui gardaient la porte étaient » prêts à s'élancer à notre secours. Revenant à mes canon- » niers, je leur dis : « Suivez-moi ; » et je fais ainsi les » quelques pas qui nous conduisaient à notre place en » batterie.

» Les garibaldiens, nous voyant prendre contre eux ces » dispositions, nous envoyaient leurs balles de grand cœur. » A peine avais-je commandé le feu, que je sentis une violente

» douleur au coude gauche et un engourdissement peut-
» être plus douloureux encore dans le bras et la main. En
» même temps, une balle m'enlevait la première phalange
» de l'index de la main droite. Je n'ai pas jeté de cri, mais
» j'ai peut-être paru manquer un peu de courage, car il
» m'est échappé de dire plusieurs fois : Mon Dieu, que je
» souffre ! Aussitôt blessé, je me retirai derrière la porte,
» et je dus m'asseoir, car je me sentais défaillir. Je fis dé-
» tacher mon sabre dont le poids me gênait. Soutenu par
» un légionnaire et un canonnier, je m'acheminai lente-
» ment vers l'hôpital; j'y fus soigné immédiatement par le
» chirurgien. La main droite est presque guérie ; le chi-
» rurgien est content de l'état de la blessure au bras gau-
» che : il paraît que l'articulation n'est pas attaquée.

» Je n'aurais peut-être pas dû vous écrire tous ces dé-
» tails, mais vous m'avez recommandé de ne rien vous ca-
» cher. Si cette condamnation à bien des jours de lit et
» d'immobilité est pénible, j'ai bien des remerciements à
» faire au bon Dieu pour ce commencement de campagne
» auquel j'ai pu assister. Je n'ai pas à me plaindre des offi-
» ciers garibaldiens : ils ont même quelques égards pour
» moi.

» BERNARD. »

Le ministre des armes écrivit à M. le comte Théodore de Quatrebarbes :

« *Rome,* 28 *octobre* 1867.

» MON CHER COMTE,

» Votre neveu, d'après le dire des personnes qui ont

réussi à quitter Monte-Rotondo et à s'enfuir à Rome, s'est conduit en brave ; et je tiens à lui rendre ce témoignage, qu'il n'a fait qu'illustrer davantage le nom de Quatrebarbes, déjà si connu dans notre armée. C'est en partie à la bravoure et au sang-froid de votre neveu que sont dues les pertes sensibles subies par l'ennemi; malheureusement depuis cette glorieuse défaite, nous sommes sans nouvelles de Bernard, j'ignore s'il a été blessé. . . . . . .

» KANZLER. »

Bernard, dans sa lettre citée plus haut et qu'il ne put envoyer qu'après sa délivrance, ne dit pas toutes ses souffrances, il sait que le cœur de sa mère ne pourrait pas les supporter tout d'un coup. Il ne raconte pas non plus tout ce qu'il a fait dans cette triste et glorieuse journée.

Avant d'en donner les détails, disons deux mots de Monte-Rotondo. Ce bourg qui portait autrefois le nom d'Eretum, couronne un mamelon, comme l'indique son nom, et peut avoir environ 1,500 mètres de circonférence. Ce contour se divise en deux parties bien distinctes et presque égales; l'une entièrement ouverte, protégée seulement par des ravins couverts de vignes ; l'autre, défendue par un vieux mur percé de trois portes : la porte Romaine, la porte Canonica et la porte du Palais. Cette dernière est ainsi nommée parce qu'elle est vis-à-vis du palais Piombino, qui est vaste et très-solidement construit avec une tour carrée. Devant la porte Romaine et la porte Canonica, qui sont assez rapprochées, s'élèvent différentes habitations formant comme un faubourg qui s'étend jusqu'à six cents mètres.

Le 25, à 6 heures du matin, après avoir passé la nuit à préparer la défense sous les ordres du capitaine Costes, Bernard courut se jeter aux pieds de l'aumônier de la colonne, le Père Vanutelli, dominicain, beau-frère du général Kanzler. « Mon Père, » lui dit-il, « une dernière absolution, s'il vous plaît, et s'il est possible l'indulgence plénière pour l'heure de la mort. Dans les conditions où je me trouve, je serai obligé de m'exposer beaucoup aujourd'hui et je puis bien y rester. » Depuis cet instant jusqu'à deux heures et demie de l'après-midi, il dut continuellement s'exposer à la mort, obligé qu'il était de sortir sa pièce hors des portes et de tirer à découvert sous une grêle de balles. D'abord il sortait seul pour examiner le point où il fallait la placer, revenait à ses canonniers, sortait à leur tête, et après avoir commandé le feu, rentrait avec ses hommes pour faire charger de nouveau. Tel fut son courage porté jusqu'à la témérité.

Devant la porte dite du Palais, il repoussa d'abord une colonne d'environ 600 hommes, puis délogea successivement l'ennemi de deux couvents où il s'était embusqué et lui fit éprouver des pertes énormes évaluées à quatre ou cinq cents morts ou blessés. Les garibaldiens, dirigeant alors leur attaque vers la porte Romaine, vont s'embusquer dans des maisons qui la dominent. Pour les en chasser, Bernard fait transporter sa pièce à la porte Canonica. Là il est encore plus exposé, ne pouvant être protégé par le feu de l'infanterie à cause de la grande élévation des murs. Déjà une balle lui avait emporté la première phalange de l'index de la main droite, mais s'enveloppant de son mouchoir, il y avait à peine fait attention. Il pointe lui-même la pièce qu'il avait fait charger à mitraille, et écrase une colonne de garibaldiens qui se précipitaient en masse de la porte Romaine pour enlever sa pièce ; mais à peine avait-il commandé le feu, qu'une balle lui brise le bras gauche en trois endroits. Dominant le mal par l'énergie de sa volonté, il a encore la présence d'esprit de faire rentrer sa pièce. Il s'appuie d'abord contre le mur, la faiblesse le force à s'asseoir; il continue de donner des ordres, mais bientôt il se sent défaillir et est conduit à l'hôpital.

Etendu sur un lit, il souffre cruellement, mais une plus grande douleur vient accabler son âme : le commandant voyant que la défense n'était plus possible avait capitulé, et Bernard apprend qu'il est prisonnier, prisonnier des ennemis farouches de Dieu et de Pie IX. Le brave capitaine Costes avait résisté jusqu'à la dernière extrémité, il avait brûlé ses dernières amorces ; l'incendie allumé par les garibaldiens s'était communiqué à une porte donnant sur la cour du palais; l'ennemi, irrité d'une résistance si opiniâtre, pénétrait déjà dans la cour. Continuer la résistance, c'était amener le massacre de la petite garnison. Des flots d'ennemis, furieux et fanatisés par la présence de Garibaldi, entouraient de toutes parts le château, vociférant des cris de mort. Après la reddition de la place, Luigni Radice, qui se disait aide-de-camp de Garibaldi, avoua en rougissant qu'ils étaient six mille, qu'ils avaient beaucoup, beaucoup de tués et de blessés : *Molti, Molti uccisi, Molti Molti feriti*, ils avaient environ 700 hommes mis hors de combat. Les pontificaux n'avaient que deux morts et quinze blessés.

Bernard ne se plaint pas de ses geôliers, il dit même qu'ils ont des égards pour lui. Mais ce que sa modestie ne dit pas, c'est que l'intrépidité de son courage, la noblesse de son caractère, le calme et la sérénité de son front, ont commandé le respect, même à ces misérables qui sont allés achever contre Dieu leur victoire dans l'église de Monte-Rotondo par les plus dégoûtantes profanations et les sacriléges les plus infâmes.

Bernard, sur son lit d'hôpital, imposant le respect, même à ces nouveaux barbares, n'est-il pas plus beau, qu'à Nerola, ne nous rappelle-t-il pas saint Louis, plus sublime dans les fers que sur le trône de France. Ah! c'est que toutes les grandes âmes se ressemblent. Et pourtant son corps, comme son cœur, souffre cruellement; mais pas une plainte, pas un murmure : « Mon Dieu, que votre volonté soit faite! tout ce que vous faites est bien fait. » Voilà, nous le savons, la pensée, la parole qui le soutenait sans cesse. D'abord il resta confondu dans la même salle avec les garibaldiens blessés, ce ne fut qu'au bout de trois jours qu'on lui offrit, sans aucune demande de sa part, de le placer dans une chambre particulière.

Et pourtant, encore une fois, qu'il souffre, à quatre cents lieues de tous ceux qu'il aime! Il reste presque seul aux mains de ses ennemis; ses frères d'armes sont emmenés au loin. Il n'avait pu faire passer tout d'abord la lettre écrite à sa mère, Garibaldi s'y était opposé; mais grâce au dévouement d'un peintre français, M. Estival, qui pénétra jusqu'aux blessés prisonniers à Monte-Rotondo, Bernard put envoyer à sa famille, par l'entremise de Mme Courballay, le télégramme qui annonçait sa blessure. Il y joignit un billet pour cette pieuse femme de Rome, dont toute la vie est consacrée aux bonnes œuvres et spécialement aux pontificaux et à leurs familles.

Dans ces quelques lignes qu'il n'a pu que signer, car il n'a eu de force que pour écrire une seule fois à sa mère, il disait : « Si je ne craignais pas les événements qui peuvent se succéder, je prierais mon père de venir, mais je n'ose le faire, ce serait peut-être l'exposer. » « Bernard, ajoute cette pieuse femme, a pu signer cette lettre de sa main droite. Je vous envoie cette précieuse signature : vos bouches la baiseront avec respect et amour. Oh ! vous êtes heureux d'avoir un tel fils ! si vous saviez tout l'intérêt qu'il inspire à Rome, l'amitié qu'on lui porte ; c'est unanime, tout le monde fait l'éloge de ses brillantes qualités et surtout de sa modestie. »

Tandis que tous les échos du monde catholique répétaient déjà son nom, Bernard restait calme sur son lit de souffrances, dans d'héroïques sentiments de résignation et de patience. « Dieu le veut », répétait-il souvent ; et pourtant, encore une fois, que de douleurs accumulées sur son cœur ! Il sait que chaque jour on se bat et on meurt pour Dieu, et lui, il est là immobile ; il voit son bras peut-être à tout jamais brisé ; il se dit, et c'est là la plus grande des douleurs de son âme : « Je ne pourrai donc plus rien faire pour la défense de l'Eglise ! »

Console-toi, noble et sainte victime. Tu pries et tu souffres, et la voix de ton sang obtient la victoire pour tes frères d'armes qui combattent dans la plaine.

D'où vient donc, en effet, que ce torrent qui se précipitait sur Rome et qui s'accroissait sans cesse, s'arrête au pied de Monte-Rotondo ?... D'où vient donc que ces milliers d'hommes s'arrêtent après cette victoire dont ils sont si fiers ?... Pourtant, à leur tête est leur chef qui a juré d'être à Rome dans quelques heures ; il est là entouré de ses plus dignes lieutenants : pourquoi n'avancent-ils pas ? Ils savent que l'immense conjuration dont ils ont enveloppé la ville sainte avec une habileté infernale, n'attend pour éclater que le signal de leur approche : et ils restent immobiles. Ah ! sans doute, une main invisible les arrête.

Mon Dieu, quelle est donc la prière qui, touchant enfin votre cœur, a sauvé Rome et a donné à Pie IX ces premiers triomphes qui en présagent tant d'autres ?... N'est-ce pas la prière de cette sainte victime et de ses nobles compagnons de martyre ? N'est-ce point leur sang qui a fait pencher vers la miséricorde la balance de vos éternelles justices ? N'est-ce point avec leur sang, ô mon Dieu, que vous avez écrit au pied de Monte-Rotondo : *Vous n'irez pas plus loin ?* Oui, le sang du juste a fait violence au ciel.

A la première nouvelle des blessures de Bernard, le marquis de Quatrebarbes était parti, résolu à tout tenter pour délivrer son fils. Son cœur de père était encore tout saignant du sacrifice que Dieu venait de lui demander de sa fille aînée, la pieuse et douce Marie. Se dévouant à toutes les rigueurs de la mortification chrétienne, elle était allée cacher à l'ombre du Carmel tout ce que le monde admire.

Le jour où il put enfin embrasser son père, Bernard n'était plus prisonnier. Les zouaves du champ de bataille de Mentana étaient accourus à Monte-Rotondo pour en chasser les geôliers, et Bernard avait eu la joie de voir au nombre de ses libérateurs quatre de ses cousins qui tous venaient de se signaler dans cette grande journée : Antoine de Cambourg s'était battu comme un vieux soldat ; Henri du Reau avait gagné les galons de sergent ; Maurice, son frère, les galons de sergent-major ; le capitaine Zacharie, sur la poitrine duquel brillent déjà deux décorations, gardait le drapeau avec sa compagnie. Ce fut lui, comme on le lit dans le rapport du colonel Allet qui, quelques jours auparavant, s'était emparé, hors de Rome, de l'affreux laboratoire d'où sortaient la plupart des bombes infernales. Le cinquième des parents de Bernard, Yves de Quatrebarbes, blessé à Mentana, s'était écrié en voyant ses camarades accourir à son secours : « Ne faites pas attention à moi, continuez de vous battre. Vive Pie IX ! »

Le marquis de Quatrebarbes a pu faire transporter son fils à Rome sur un vapeur envoyé exprès par le ministre des armes ; à peine y est-il arrivé que tout ce qu'il y a de plus illustre dans la ville éternelle accourt s'informer de son état. Le roi et la reine de Naples venaient le visiter ; François II, debout près du lit, profondément ému, exprimait à son père toute la part qu'il prenait à ses douleurs comme à la gloire dont son fils s'était couvert. Bernard ne pouvant alors s'empêcher de les interrompre : « Qu'on sache bien, » dit-il, « que je ne suis pour rien dans tout ce qui s'est fait de bien après deux heures et demie. » « Oh ! que c'est noble ! s'écria François II. » Cependant la Reine assise près du chevet de Bernard, avait peine à retenir ses larmes en s'entretenant avec lui.

Mais la consolation la plus ineffable pour le cœur du noble blessé fut de voir, dès le lendemain de son arrivée, Pie IX qui, sans s'être fait annoncer, entrait dans sa chambre pour le consoler, l'encourager et le bénir sur son lit de souffrances. Le Vicaire de Jésus-Christ laissa tomber de son cœur dans le cœur de Bernard de ces paroles qui le rendaient heureux d'avoir tant à souffrir pour Dieu et son Eglise. Avant de se retirer, Pie IX fait découvrir le bras de son cher blessé ; il y pose sa main, et faisant le signe de la croix : « Mon ami, » lui dit-il, « que le bon Dieu te bénisse comme je te bénis. »

A la suite d'un de ces entretiens où l'âme de Bernard s'épanchait tout entière dans l'âme de son père, il ajouta : « Ah ! si la tendresse pouvait guérir, que je me porterais bien ! » Puis dans une autre circonstance : « Oh ! je vous en prie, donnez-moi votre parole que vous ne me refuserez pas ce que je vais vous demander. — Que pourrais-je te refuser, moi qui, si tu ne t'y opposais pas, voudrais embrasser tes blessures ? — Eh ! bien, promettez-moi d'empêcher toute démarche d'avancement ou de décoration pour moi. » Qu'il eût été heureux s'il avait pu prévoir qu'il méritait pour son père la croix de commandeur, que Pie IX devait bientôt lui décerner.

Encore un mot du cher malade; nous voudrions pouvoir les citer tous, car tous sont admirables de foi, d'amour de Dieu, de l'Eglise et de sa famille. « J'offre chaque jour toutes mes souffrances à Dieu pour que tous les miens le servent fidèlement et soient toujours les défenseurs de l'Eglise. » Il était loin de s'attendre que la sublimité de ces sentiments, où il ne voyait rien que de très-ordinaire, dût être révélée au grand jour et exciter tant d'admiration.

Tandis que Bernard était encore à l'hôpital du Saint-Esprit, où les médecins avaient demandé qu'il fût d'abord placé avant d'être transféré définitivement dans les appartements que son père lui avait fait préparer, tout-à-coup s'introduisit dans sa chambre un brave carabinier Suisse, le sous-lieutenant Pool, qui resta debout sans rien dire, les yeux fixés sur lui avec une expression de profonde tristesse. Après quelques minutes de silence : « Tenez, mon lieutenant, » lui dit-il, « je vous fatigue, je m'en vais. Mais comme nous avons combattu ensemble, je voulais vous revoir : laissez-moi vous embrasser. » Après avoir embrassé Bernard, il se retira en laissant tomber de grosses larmes.

Les premières espérances de guérison s'évanouissaient chaque jour ; l'amputation du bras avait été jugée indispensable. A cette nouvelle qui fut comme un coup de foudre pour Bernard, il s'écria avec toute l'énergie de sa volonté : « Jamais je ne consentirai à ce que l'on me coupe le bras, je ne pourrais plus monter à cheval. » Il ne pouvait se faire à l'idée de quitter sa batterie et le service de l'Église. Son père, qui depuis plusieurs jours comprimait dans son cœur cette affreuse prévision, le conjura de ne pas s'opposer à ce qu'on lui conservât la vie. Bernard, qui avait communié la veille, retrouvant bientôt son calme : « Je me soumets à tout, qu'on fasse ce qui est nécessaire. » Quelques instants après il s'endormait du sommeil le plus paisible. L'opération devait avoir lieu dans l'après-midi. Cet instant venu, l'opérateur pria le père de quitter l'appartement, lui disant que le courage lui manquerait. Mais Monsieur de Quatrebarbes trouva dans la prière la force de ne pas se séparer de son fils dans la plus cruelle circonstance. Près de lui étaient aussi ses neveux Zacharie et Maurice du Reau.

Le cœur de Bernard demandait sa mère, et son père en avait autant besoin que lui. Hélas ! elle était retenue sur son lit par de cruelles souffrances qui faisaient craindre pour sa vie ; le cœur en proie à des angoisses plus cruelles encore, elle ne pouvait aller fermer les yeux à son cher Bernard. A sa place, partait la mère d'un autre martyr, la comtesse d'Héliand. Mère doublement héroïque, elle venait de faire à Dieu son dernier sacrifice : presque à l'instant même où Bernard était frappé, sa fille unique, la jeune et brillante Catherine, n'était plus que l'humble sœur de Saint-Vincent-de-Paul, et désignée pour une obédience à Rome. Si beaucoup n'ont pu comprendre une telle abnégation de la fille et de la mère, ah ! c'est qu'ils ignoraient que deux fois Catherine était allée près de sa mère s'agenouiller à Castelfidardo, et qu'à la vue de cette terre rougie du sang de son frère, elle s'était dit, non point dans l'exaltation de l'enthousiasme, mais après de longues et mûres réflexions : « Et moi aussi, je veux être martyre ; je ne puis donner mon sang, je serai martyre de la charité. » Et la mère avait consenti à être doublement martyre dans ses deux enfants.

Pie IX, apprenant par un saint religieux, le Père de Guerlache, que Bernard allait être amputé, s'était jeté à genoux en pleurant, et après avoir prié, l'avait envoyé porter au malade une bénédiction spéciale. Au sortir de ce triste sommeil où il avait été privé de l'un de ses membres, Bernard ressentit des douleurs horribles qu'il supportait avec patience en récitant son chapelet avec son père.

Ce fut au milieu de ces tristes circonstances qu'arriva la comtesse d'Héliand : il était temps que cette femme qui a traversé toutes les douleurs de la vie, vînt consoler tant de larmes. Elle amenait avec elle Hermine, sœur de Bernard, et Catherine sa fille, ou plutôt la fille de saint Vincent de

Paul, qu'elle conduisit à sa nouvelle communauté, ne pouvant tout aussitôt embrasser le cher blessé qui dans cette nuit du 19 dormait paisiblement. Ce fut pour Bernard une grande consolation de les revoir; mais cette joie ne devait plus durer que trois jours. Déjà la faiblesse était extrême; le moindre bruit avait à la plaie du malade le retentissement le plus cruel; mais toujours calme et résigné, il disait à sa sœur Hermine, constamment clouée au chevet de son lit : « Le bon Dieu m'a donné une large part de souffrances; je ne m'en plains pas, ce qu'il fait est bien. » Puis il ajoutait cependant avec une douleur profonde : « J'ai le bras amputé, quel sacrifice pour moi à renouveler tous les jours! et supposé que je guérisse, quelle pauvre existence avec un bras de moins! » Puis souvent il disait à sa sœur : « Parle-moi de ma mère, de mes frères, de mes sœurs. » Dieu et sa famille étaient la seule pensée de son âme.

Cependant à Rome on priait de tous côtés, et le télégraphe n'apportait pas seulement à sa famille le bulletin de son état, il réclamait de toutes parts des prières. Mais Dieu voulait couronner de gloire dans l'Eglise triomphante celui qui s'était couvert de gloire ici-bas en se sacrifiant pour l'Eglise militante.

Le jeudi 21, Bernard exprima un grand désir de communier de nouveau. « J'en suis bien indigne, disait-il, mais j'en ai si grand besoin! » Le digne abbé Daniel, aumônier des zouaves, avec qui il avait de fréquents entretiens, lui dit qu'il lui apporterait le Saint-Viatique le lendemain; Bernard en éprouva une grande consolation. « Prie pour moi, dit-il à sa sœur, demain je recevrai le bon Dieu; prie pour moi, car je suis trop faible pour bien me préparer. » Dans le courant de la journée, il la pria de réciter lentement le chapelet avec lui ; il n'avait presque plus la force de répondre.

Dans la soirée, il lui demanda de lui lire quelques passages de l'Imitation sur la préparation à la communion, puis quelques versets sur la soumission entière à la volonté de Dieu dans les épreuves et les afflictions. « Ce que tu lis » est bien bon, dit-il, continue encore. » Il était huit heures du soir. « Reste près de mon oreiller, ajouta-t-il, causons un peu de maman, de ma chère Marie, de ma filleule que j'aime tant, du cher petit Joseph; commence-t-il à lire? il est temps. » Il fut heureux d'apprendre que son frère Louis avait toujours d'excellentes notes au collége de Vannes, puis il ajouta : « Ma chère Sionnière, ma » chère Sionnière! moi qui ne demandais qu'à jouir de » la vie de famille, j'en ai toujours été loin. Si je la revois, » je ne retrouverai plus tout mon monde. Comme le bon » Dieu me visite, comme il me visite! Ah ! je n'ai pas envie de murmurer, bien sûr, parce que je sais qu'il est » infiniment bon, qu'il nous aime beaucoup, et qu'il fait » tout pour notre plus grand bien ; même les choses que » nous ne comprenons pas et qui peuvent nous paraître » un peu rudes parfois, sont dans ce but. Je le sens » bien, aussi je veux bien tout ce qu'il veut : je m'offre » à lui tout entier. Si au moins je ne me plaignais point! » mais ce qui me console, c'est que Notre-Seigneur Jésus-Christ a dit lui-même à son Père : S'il est possible, que » ce calice s'éloigne de moi. Je suis trop fatigué pour » continuer de parler, mais reste tout près de moi, regarde-moi, cela me fera du bien. »

Quel épanchement ravissant du cœur d'un frère mourant dans le cœur de sa sœur, qui est là comme l'ange de l'agonie au jardin des Oliviers.

Le lendemain matin, après sa communion, il récita avec sa sœur la prière : O bon et très-doux Jésus.....

Son père et sa tante étaient toujours près de lui ; ses cousins, et Catherine qu'il aimait aussi comme sa sœur, car il n'avait jamais eu qu'un cœur et qu'une âme avec Georges d'Héliand, se succédaient autour de son lit de souffrances.

Comme on le voit, le sentiment qui soutenait son courage était surtout la soumission, l'abandon, la conformité parfaite à la volonté de Dieu ; aussi répétait-il à l'une des sœurs hospitalières qui le soignaient : « Le bon Dieu m'a donné une large part de souffrances dans ma vie, je vous assure, mais je ne m'en plains pas. »

Le vendredi, le danger était imminent. Bernard ne pouvait plus rien prendre ; un feu dévorant le consumait intérieurement. S'il réussissait à prendre quelques gouttes d'eau, survenaient des vomissements qui épuisaient ses forces ; il respirait difficilement. Cependant pas une plainte, pas un murmure ; il conservait toujours sa connaissance, mais on ne l'entendait plus que répéter souvent : Mon Dieu ! mon Dieu !

De deux heures à huit heures de l'après-midi, les douleurs furent horribles. Vers dix heures, l'abbé Daniel lui administra le sacrement d'Extrême-Onction. La sœur de charité lui répéta les noms de Jésus et de Marie, avec des actes d'abandon, de conformité à la volonté de Dieu ; le saint malade fit encore un signe d'assentiment. Vers onze heures, les douleurs parurent cesser, ou plutôt il resta calme, anéanti par la souffrance ; et vers minuit, sans agonie, il rendit à Dieu sa belle âme, sans que l'on pût distinguer l'instant de son dernier soupir.

Quelques heures après sa mort, madame de Quatrebarbes recevait sur son lit de souffrances un dernier télégramme renfermant seulement ces trois mots :

BERNARD AU CIEL !

Il se passa alors dans le cœur de la plus tendre des mères un mystère de douleur et de résignation que la langue humaine ne peut exprimer et dont Dieu tout seul put connaître l'étendue.

Pie IX, en apprenant la mort de son généreux défenseur, en ressentit une affliction profonde. La nouvelle s'en répandit aussitôt dans Rome. Ce fut un deuil dans l'armée pontificale.

Son ancien colonel d'artillerie, Bernard Blumenstil, accourant aussitôt se jeter dans les bras du marquis de Quatrebarbes, ne put que lui dire en fondant en larmes : « J'ai un second patron dans le ciel ! » Puis, lorsque cette vive émotion fut passée, il fit de Bernard un éloge qu'il résuma ainsi : « C'était une belle intelligence avec une âme de la plus rare énergie. En un mot, c'était le vrai type de l'officier pontifical. » Bientôt le lieutenant-colonel de Charette confirmait ce jugement en disant de Bernard : « C'était la bravoure la plus froide, la plus belle et la plus calme que j'aie vue. » Ne puis-je pas ajouter aussi ce que l'Esprit saint dit de Jonathas : *Si aimable pendant sa vie, d'une beauté si digne, et plus fort que le lion?*

Le jour même de sa mort, le ministre des armes écrivait à M. le comte Théodore de Quatrebarbes :

Rome, le 23 *novembre* 1867.

« Certainement la Providence a daigné nous donner la victoire et j'en rends grâces à Dieu, mais elle a dû être achetée au prix de bien des vies précieuses.

» Votre cher neveu Bernard, que j'avais encore l'espoir de rendre à la tendresse de sa famille, a succombé à sa cruelle blessure dans la nuit du 22 au 23. Vous dire qu'il est mort en héros et en saint serait inutile. Il est mort comme il avait vécu, et c'est là le plus bel éloge que je puisse faire de cet admirable jeune homme. Il a emporté mes profonds regrets et ceux de tous ses camarades qui l'appréciaient à sa juste valeur.

» Grâces à Dieu Yves de Quatrebarbes va beaucoup mieux et j'espère le voir bientôt complétement hors d'affaire.

» Permettez-moi donc, cher Monsieur, d'associer mes profonds regrets à toute votre douleur. Puisse le souvenir que nous conservons tous des mérites et des rares qualités de celui que vous pleurez, apporter quelque adoucissement à l'amertume de vos larmes.

» Croyez, etc. KANZLER. »

Les obsèques eurent lieu à Rome le 25 novembre à Saint-André Delle-Fratte. Cette église se trouva trop étroite ce jour-là. Dans le sanctuaire, au milieu du clergé, étaient Mgr de Mérode, Mgr du Cosquer et Mgr Nardi. Quoique Bernard ne fût que lieutenant, le Ministre des armes, les Généraux Zappi et de Courten y assistèrent, ainsi que tous les chefs de corps. Une députation de l'armée française d'occupation y était venue spontanément et deux des capitaines acceptèrent des places d'honneur près du cercueil. Toutes les armes y étaient représentées.

Les nombreux amis de Bernard, les zouaves, les artilleurs, étaient accourus en foule.

Au sortir de ces obsèques solennelles, où Rome et l'armée pontificale étaient venues payer au noble défenseur de l'Église un juste tribut de reconnaissance et de prière, le général Kanzler écrivait encore à M. le comte Théodore de Quatrebarbes :

« *Rome,* 25 *novembre* 1867.

« Mon cher Comte,

» Je reviens du service funèbre de Bernard de Quatrebarbes, et j'éprouve le besoin de vous écrire encore deux mots, de vous serrer encore bien affectueusement la main au sortir de cette douloureuse cérémonie. Vous pleurez un fils d'adoption sur la tête duquel s'étaient réunies vos plus chères tendresses. Le saint Père a perdu en lui un de ses serviteurs les plus dévoués, et un de ses officiers du plus rare mérite ; nous autres soldats, un bon ami et un vaillant frère d'armes. Vous savez déjà du reste qu'il est tombé en héros et qu'il est mort comme un saint.

» Quand Dieu rappelle à lui des existences si précieuses et si bien remplies, c'est qu'elles sont mûres pour le ciel. Le triomphe de l'Église a toujours été, mon cher comte, la pensée dominante de votre vie ; au milieu du bien naturel déchirement de votre cœur, soyez donc fier de la part que votre noble famille a prise à ce triomphe.

« Bernard de Quatrebarbes, par sa vie et par sa mort, sera toujours compté parmi les plus généreux et les plus brillants défenseurs de la plus belle des causes. C'est dans cette pensée seule que votre irréparable douleur peut puiser quelque consolation et quelque soulagement.

» Madame Kanzler associe tous ses sentiments aux miens, mon cher comte, dans cette vive part que nous prenons à votre chagrin. Veuillez en offrir pour elle et pour moi l'expression bien sincère à Mme la comtesse de Quatrebarbes, et me croire plus que jamais

» Votre tout dévoué,

» KANZLER. »

Le 28 novembre, une scène bien touchante se passait au Vatican. Aux pieds de Pie IX profondément ému, étaient prosternés le marquis de Quatrebarbes et sa fille, la comtesse d'Héliand, sa fille, sœur de Saint-Vincent-de-Paul et ses trois neveux, Zacharie, Maurice et Henri du Reau ; ils arrosaient de leurs larmes les mains du vicaire de Jésus-Christ qui les comblait de ses bénédictions les plus spéciales, ainsi que leurs familles. Puis il leur adressait des paroles toutes célestes ; il leur parlait de Bernard et de Georges d'Héliand, de la résignation chrétienne, puis de la récompense du ciel, et il les remerciait d'avoir donné leurs enfants pour la défense de l'Eglise de Jésus-Christ. Une joie toute céleste vint se mêler à leur profonde tristesse, et l'on eût presque dit qu'ils étaient heureux d'avoir eu tant de douleur.

Pie IX, s'entretenant alors avec chacun d'eux, parlait à M. de Quatrebarbes du gouverneur d'Ancône ; disait à Madame d'Héliand : « Vous, vous êtes ma compagne fidèle, je vous revois tous les ans. » Reconnaissant le capitaine Zacharie du Reau, il lui demandait quels étaient ces deux zouaves qui étaient près de lui, et apprenait avec joie que c'étaient ses frères. Enfin, causant en italien avec la sœur Catherine, il lui parlait des pauvres, des infirmes, des enfants de l'hospice de San-Onofrio, qui sont sa nouvelle famille, et sur sa demande lui donnait pour toute sa congrégation les bénédictions les plus abondantes.

Le lendemain, Pie IX envoyait au marquis de Quatrebarbes la croix de commandeur ; pour la mère de Bernard, un très-grand camée d'un travail exquis, portant une tête de Christ couronné d'épines et versant des larmes; à Mme d'Héliand, un chapelet en cornaline, enchaîné en argent et orné d'un camée représentant Marie Mère de douleurs En remettant ces précieux objets à Mgr Cenni pour les porter de sa part, le Vicaire de Jésus-Christ lui disait :

BERNARD EST UN SAINT AU CIEL !

L'armée pontificale voulut rendre un nouvel hommage à la noble victime qui était l'objet de tous les regrets. Le corps de l'artillerie fit célébrer, le 30 novembre, un second service à Rome, dans l'église de Sainte-Marie-Transpontine, qui était entièrement tendue de noir. Au milieu de la nef s'élevait un catafalque monumental avec un cénotaphe portant cinq lampes sépulcrales.

On lisait les inscriptions suivantes composées en italien par un savant religieux de l'Ordre des Frères-Prêcheurs.

Au-dessus de la grande porte de l'église.

A l'autel auguste du Dieu des armées, avec le sacrifice solennel propitiatoire pour la chère âme de Bernard de Quatrebarbes, lieutenant dans la compagnie d'artillerie sous l'étendard des saintes clefs, ses collègues, du corps des officiers, tristes et pénétrés de douleur, adressent des prières et des vœux à l'Éternel, afin qu'il reçoive dans la paix des justes l'âme de leur regretté compagnon d'armes.

Aux côtés du catafalque.

I

De la race des forts, rejeton non dégénéré des braves, déjà vainqueur à Nerola, blessé, non vaincu sous les murs de l'antique Eretum, en tenant au bras le bouclier de la justice, tu es tombé vaillamment dans le sanglant combat. Le champ d'honneur t'a ouvert le palais de la gloire immortelle.

II

Pour la foi des aïeux, pour la patrie universelle des croyants, nouveau Simon, émule de Mattathias, victime immolée par un zèle héroïque, il a prodigué son sang généreux.

III

Avec le nom illustre de Quatrebarbes, célèbre dans les fastes et les faits d'armes des croisés, revivent en lui le courage et la force de ces preux. Il aura dans la postérité l'enviable récompense d'une impérissable renommée.

IV

Digne des lauriers de la milice céleste, tu as combattu ici-bas avec valeur pour les saints droits de la Jérusalem terrestre ; reçois, ô bienheureux, la couronne et la palme que demandent pour toi nos ferventes supplications au Dieu très-grand, auteur et rémunérateur des victoires.

Monseigneur de Mérode officiait. Les généraux Zappi et de Courten assistaient à la cérémonie, ainsi que tous les chefs de corps invités par le colonel Caïni. A tous les officiers de l'artillerie et du génie étaient venus se joindre beaucoup d'officiers de l'armée pontificale et un très-grand nombre de volontaires. Le père de Bernard fut profondément touché et reconnaissant de cette grande démonstration, qui était une nouvelle preuve de l'estime que son fils avait inspirée à tous.

Monsieur de Quatrebarbes, après avoir été constamment entouré des témoignages les plus nombreux de regrets et de douleur, quitta Rome avec sa fille Hermine et s'embarqua le 15 décembre à Civita-Vecchia, ramenant le corps de son fils. La comtesse d'Héliand ne voulait point se séparer de son frère ; elle se disposait à embrasser sa fille pour la dernière fois, lorsqu'une maladie grave l'arrêta tout-à-coup.

La traversée fut longue : la mer était orageuse. Qui pourrait dire ce qui se passa dans le cœur du père et de la sœur de Bernard à la vue des rivages de la coupable et malheureuse Italie, qu'ils laissaient rougie de son sang? Ah ! nous n'en doutons point, dans leur foi et leur grande piété, ils priaient Dieu de lui pardonner ses forfaits.

Ils n'arrivèrent à Marseillle que le 17. Sur le rivage, le

comte Charles de Quatrebarbes attendait son frère : ils se jetèrent dans les bras l'un de l'autre en confondant leurs larmes. Toute leur famille était réunie pour les recevoir à Morannes le 19 à huit heures du matin. Le clergé du pays était venu spontanément, les populations étaient accourues. Pour satisfaire le vœu général, il y eut à l'église un premier service ; puis tous formèrent un immense cortége jusqu'aux limites de la commune. Lorsque le convoi traversa les quatre paroisses qui précèdent celle d'Argenton, les habitants accoururent avec autant d'empressement que de respect, et les cloches saluèrent le passage du char funèbre. Sur les confins de la commune d'Argenton (diocèse de Laval), un autre clergé attendait, entouré d'une population nombreuse. Le corps de Bernard fut déposé dans la chapelle mortuaire de la famille ; là, jusqu'au lundi suivant, il y eut un nombreux concours, et beaucoup venaient l'invoquer plutôt que prier pour lui. Chaque jour s'y offrait le saint sacrifice, et toute la famille s'y réunissait à la sainte table. Cette scène si touchante se renouvela encore le jour de l'inhumation différée au lundi suivant.

Après ce long et si triste voyage, M. de Quatrebarbes put enfin se consoler, ou plutôt pleurer en famille. Oui, bien des larmes ont coulé et couleront encore. Cependant sont venus de toutes parts, pour adoucir cette grande douleur, des témoignages bien élevés de la plus vive sympathie. Ils se résument admirablement dans les deux lettres que nous sommes si heureux de pouvoir reproduire ici ; elles nous consoleront près du cercueil de Bernard avant que nous le voyions descendre dans la tombe.

Sans que personne se fût permis de faire part à Frohsdorf

de la mort de Bernard, le comte de Chambord écrivait, à la première nouvelle de ce douloureux événement :

« Frohsdorf, le 1er décembre 1867.

» J'apprends, mon cher Marquis, le malheur qui, en déchirant votre cœur paternel, vient d'enlever à la grande cause du droit un de ses plus braves défenseurs, et je ne veux pas perdre un instant pour vous dire que je m'associe de toute mon âme à votre profonde affliction et à vos justes regrets.

» Votre cher fils, qui portait si dignement votre noble nom, après avoir consacré sa vie au Saint-Père livré en proie aux attaques de la révolution déchaînée, est mort de ses glorieuses blessures, au moment même où l'armée pontificale remportait une éclatante victoire. Quelle consolation pour vous de penser qu'il reçoit maintenant au ciel la récompense de sa trop courte, mais si belle carrière, couronnée par une si admirable fin, et qu'il ne cessera d'y prier pour les siens, pour la France, pour tout ce qu'il a tant aimé sur cette terre.

» Soyez auprès de Mme de Quatrebarbes et de toute votre famille l'interprète de ma douleureuse sympathie, et croyez plus que jamais à ma sincère et constante affection.

» HENRI. »

Un évêque qui est un des plus fermes défenseurs de l'Eglise, envoyait à Mme de Quatrebarbes les plus grandes consolations que la foi peut donner.

« Nantes, le 27 novembre 1867.

» Madame,

» M. de Quatrebarbes est dans la vérité quand il dit : *Bernard au ciel!* Il est difficile de réunir plus de signes de prédestination. Cette vie si vertueuse, ces sept années pleines d'abnégation et de sacrifices dont Dieu seul connaît les secrets, tout cela couronné par le martyre, c'est vraiment admirable et digne d'envie.

» Je sens par ma propre douleur quelle doit être la vôtre. Mais, à la lumière de la foi, voir votre fils conquérant la couronne à un âge où tout autour de nous tant de jeunes gens perdent leur âme et leur corps dans l'oisiveté et les vices que l'oisiveté engendre, c'est une grande consolation, une gloire sans nuages, un bonheur que des parents chrétiens savent comprendre et goûter. De plus, Madame, il m'est permis d'ajouter ici une considération qui me frappe beaucoup comme évêque : la mort de chacun de nos jeunes héros est une prédication merveilleuse. La voix du sacrifice a une éloquence décisive sur un grand nombre d'âmes; mais la mort de Bernard de Quatrebarbes sacrifiant sa jeunesse, sa fortune, ses plaisirs, son bien-être, l'amour de la famille, pour défendre la cause sacrée de la vérité, de la vertu, de l'Eglise, ira remuer l'âme endormie de beaucoup de nos jeunes gentilshommes. Après avoir été *martyr*, il sera encore *apôtre*.

» Je dis *martyr*. Et dans le vrai, Madame, nos martyrs de la primitive Eglise n'étaient pas autrement trempés, et c'est bien sur leur modèle que s'est formée cette jeunesse valeureuse que nous admirons également dans son courage héroïque et dans ses vertus intimes, et son amour de Dieu si naïf et si touchant.

» C'est dans ma cathédrale que Bernard a reçu le baptême; j'ai le droit, à ce titre, et pour tant de motifs qui m'unissent à vous et aux vôtres, de me mêler à votre deuil et de pleurer avec vous, mais aussi d'avoir une large part de vos consolations.

» J'envoie visiter notre chère Carmélite, ma santé ne me permettant pas d'y aller moi-même.

» Veuillez agréer, Madame, pour vous, pour M. de Quatrebarbes à son prochain retour, pour tous les vôtres, l'assurance de mes sentiments de respect et de dévouement qui vous sont bien connus.

» ALEXANDRE, évêque de Nantes. »

Toute la famille de Quatrebarbes était restée réunie au château de la Sionnière, où la mère de Bernard était encore retenue sur son lit de souffrances. Les obsèques eurent lieu le 23 décembre.

Une nombreuse assistance, composée de ce que le Maine, l'Anjou et la Bretagne comptent de plus distingué par la naissance ou de plus noble par le cœur, se pressait dans l'église d'Argenton, trop petite pour recevoir tous ceux qui y étaient accourus. Les habitants de la paroisse avaient bien voulu céder leurs places; ils se tenaient profondément recueillis autour de l'église, ainsi que les populations venues des communes voisines.

Les murs étaient recouverts d'une décoration funèbre sur laquelle se détachaient les armes du Souverain-Pontife, le chiffre de la victime tombée pour sa défense, et l'écusson antique auquel cette mort si glorieuse vient d'ajouter un nouvel éclat. Sur le cercueil étaient le sabre de Bernard, son uniforme percé de la balle qui lui a donné la mort, et sur son uniforme la croix de commandeur de l'ordre de Pie IX. Autour du catafalque, s'étaient réunis d'anciens zouaves pontificaux dont plusieurs avaient combattu à Castelfidardo. On remarquait parmi eux l'un des cousins de Bernard, Yves de Quatrebarbes, dont la belle conduite sur le champ de bataille de Mentana lui a mérité la croix de Pie IX et le grade de sous-lieutenant. M. Yves de Quatrebarbes portait son bras blessé en écharpe, et était revêtu de l'uniforme des zouaves.

En tête de l'assistance, ferme et résigné aux décrets de la Providence qui l'a si cruellement éprouvé, se tenait le marquis de Quatrebarbes dont les traits portaient la trace des fatigues physiques et des poignantes angoisses qu'il vient d'éprouver ; il était là abîmé dans la douleur et les larmes.

Près de lui, non moins ferme, non moins courageusement résigné, mais le cœur brisé par la perte de l'enfant chéri sur lequel il avait placé ses plus tendres affections et ses plus chères espérances, était agenouillé M. le comte Théodore de Quatrebarbes.

Autour d'eux se pressaient tous les membres de leur généreuse famille qui n'a jamais failli à la défense de toutes les grandes et nobles causes.

A dix heures, Mgr l'évêque de Laval, qui s'était réservé de venir lui-même, au nom de l'Eglise, rendre un solennel hommage au noble défunt, et apporter à sa famille les seules consolations qui peuvent adoucir son immense douleur, se revêtait de ses habits pontificaux et commençait la célébration du saint sacrifice. Autour de Sa Grandeur étaient M. Wicart, vicaire général, M. Sebaux, supérieur du grand séminaire de Laval, Monsieur le Supérieur du collége de Château-Gontier, et un très-nombreux clergé.

Avant l'absoute, Mgr Wicart s'est tourné vers l'assistance et, d'une voix émue, a prononcé le discours suivant :

> Doleo super te, frater mi Jonatha. Sicut mater unicum amat filium suum, ita ego te diligebam,
>
> Je pleure sur toi, mon doux frère Jonathas. Comme une mère aime son fils unique, ainsi te chérissait mon cœur. (Au deuxième livre des Rois).

« C'est, chrétiens, la traduction à peu près littérale des paroles empruntées au chant funèbre par lequel David célébra, devant toute la tribu de Juda, le trépas héroïque de son jeune et vaillant ami, tombé sous les coups des Philistins à côté du roi son père. Je n'ai point cherché s'il y avait dans les saints livres quelque autre texte plus applicable au jeune comte de Quatrebarbes, et à la cérémonie à la fois douloureuse et consolante qui nous rassemble. Celui-ci s'est offert le premier et je l'ai accueilli, parce qu'il exprime tout ce qui est dans chacun des cœurs les plus rapprochés de cette tombe, tout ce que je sens moi-même dans le mien; et qu'il n'y a pas, dans cette religieuse assistance, une seule âme qui n'éprouve le même sentiment de vénération, d'estime profonde et de respectueuse et tendre affection pour ce jeune héros, si ferme et si pur, pour ce modèle presque parfait de piété envers Dieu, de dévouement envers la sainte Eglise et le Saint Siége Apostolique, de fidélité à tous ses devoirs de chrétien, de brillant officier et de fils toujours aussi soumis, aussi aimant que bien justement aimé du meilleur des pères, de la plus généreuse des mères ; tel enfin qu'il suffisait de l'avoir vu une seule fois en sa vie, pour en avoir conservé le meilleur souvenir et conçu les plus heureuses espérances.

» Tant de mérites et de talents qui se développaient de jour en jour lui auraient donc permis d'aspirer aux premiers emplois. Mais Bernard de Quatrebarbes n'aspirait à rien qu'à remplir perpétuellement son devoir, et à rendre, sans aucune ambition, le plus de bons services possibles à la plus sainte des causes. Et si la mort avait respecté cette tête si chère, comme elle a pu heureusement en épargner tant d'autres, en particulier ces trois frères qui, sous un autre nom bien respectable, portent également du sang de Quatrebarbes dans les veines, ou qu'elle ne lui eût demandé qu'un peu de ce sang, avec quelques souffrances patiemment supportées, comme elle s'est contentée de faire à ce cinquième Quatrebarbes, blessé à Mentana, vous eussiez vu le défenseur intrépide de Monte-Rotondo, devenu capitaine ou commandant de l'artillerie pontificale, honoré des plus flatteuses distinctions (aujourd'hui voilées, hélas! sur la poitrine de son digne père), venir reprendre quelque jour au milieu des siens, et suivre jusqu'à sa dernière heure, ces simples et paisibles traditions de belles et fortes vertus devenues comme héréditaires dans sa noble famille. Lui-même en faisait l'aveu la veille ou l'avant-veille de sa mort : « Je n'ai jamais eu d'autre désir, » disait-il.

» Ne murmurons point, chrétiens. Les biens et les jouissances de la terre lui ont échappé ; mais qu'est-ce que les biens ou les jouissances de ce monde? Nous ne sommes ici-bas que pour y remplir des devoirs! Et Bernard de Quatrebarbes, dans un intervalle de temps très-court, a rempli de fortes études, de travail assidu et de dévouement sans bornes, toutes les heures de son rapide passage à travers la vie. Dieu l'a cueilli comme un fruit mûr ; il était prêt. Ce fut, du reste, le caractère spécial et admirable de cette guerre doublement sacrée. Depuis bien des siècles ni la terre ni le ciel n'avaient rien vu de semblable, toute une armée marchant au combat, après avoir reçu, la veille, avec la rémission de ses péchés, le pain des anges qui donne la victoire et la vie.

» Bernard de Quatrebarbes, le chrétien d'élite, toujours prêt, pouvait donc tomber sur le champ de bataille et même y rester. Dieu cependant ne l'a pas voulu ; il le laissa vivre et souffrir pendant plusieurs semaines. C'était pour donner à son père, à sa sœur, à sa tante, promptement accourus, la consolation de le revoir et de contempler tant de courage uni à une foi si profonde, à une résignation si entière à toutes les dispositions de la divine Providence à son égard; afin qu'ils pussent ensuite en rapporter tous les détails si touchants à la femme forte, sa mère, qui ne pouvait de loin offrir devant Dieu que ses propres souffrances, physiques et morales, en union à celle de son bien-aimé Bernard, qu'elle nommait peut-être déjà son bienheureux Machabée.

» Mais quoi! fallait-il donc que tant d'angoisses vinssent déchirer des cœurs si dévoués à Dieu et au Vicaire de son divin Fils? Non, chrétiens. Mais le Seigneur complétait l'œuvre de ses miséricordes; il perfectionnait la vertu de ceux qu'il allait laisser sur la terre; et, nul homme n'ayant le droit de se croire assez pur pour paraître immédiatement devant le Saint des saints, il laissait à son soldat fidèle le temps de payer en ce monde jusqu'à la dernière obole de la dette qu'il pouvait avoir contractée envers sa justice. Et quand l'expiation eut atteint son terme, la trame se rompit, et l'âme de l'élu s'élança au séjour des anges. Georges d'Héliand, vous étiez là sans doute! Première et douce victime, saintement tombée sur le champ d'honneur de Castelfidardo, vous serez venue à la rencontre de votre glorieux parent, à qui les rangs de la milice céleste s'ouvraient, et que la main du Roi des rois allait couronner. Issus du même sang, N. T. C. F., morts tous deux pour la même sainte cause, ils jouissent ensemble, n'en doutons plus, des délices de l'éternelle félicité. Eh! pour qui donc seraient ces récompenses infinies de gloire et de bonheur, si ce n'est pour cette jeunesse conservée si pure, pour cette vie si chrétiennement offerte dans sa fleur à peine épanouie, pour cette âme qui s'envole en laissant ses lèvres collées sur l'image de Jésus-Christ crucifié!

» *Bernard au ciel!* écrivait avec sa concision, cette fois sublime, le télégraphe à sa mère. *Bernard au ciel!* c'était le cri de la foi, le cri de l'espérance, le cri de l'amour enflammé qui s'était donné tout entier; c'était le cri de la vérité. Oui, Bernard est pour jamais avec Dieu, dans la gloire et les joies sans nuages.

» Peut-être aussi qu'en ce moment il est donné aux deux héros de voir, des hauteurs célestes, toute leur famille, avec ce vénérable vétéran des combats de l'Église, leur modèle à tous, l'ancien gouverneur d'Ancône pour le grand Pontife Pie IX, recueillis devant ce saint autel et autour de ce cercueil qui va disparaître. Et les deux jeunes héros remercient Dieu de les avoir entourés constamment de beaux exemples qu'ils n'ont eu qu'à suivre pour arriver où ils sont.

» Pour nous, simples spectateurs, mais spectateurs émus de ce religieux tableau, s'ils daignent abaisser également leurs regards jusque sur nous, mes frères, nous nous les représenterons avec leurs plaies ouvertes sur les champs de bataille ; nous rapprocherons d'eux, en esprit, cette autre pieuse victime que Château-Gontier honore, qui tomba tristement, vous savez sous quels coups criminels, avant l'heure des combats ; et si nous les écoutons attentivement, nous les entendrons nous dire tous trois, au fond de nos consciences : C'est ainsi qu'il faut savoir mourir pour Dieu, ainsi du moins qu'il faut savoir et vouloir vivre en chrétiens fidèles comme nous l'avons été : car la couronne d'immortalité n'est promise qu'à ce prix. »

Ce discours a été écouté au milieu de la plus profonde émotion ; les pleurs qui tombaient de tous les yeux montraient que le vénérable prélat ne faisait que traduire, avec toute l'éloquence du cœur et la haute autorité de sa parole, les sentiments qui étaient dans toutes les âmes.

Après l'absoute, le cercueil de plomb qui contenait les restes du héros chrétien, a été conduit à la chapelle funéraire de la famille de Quatrebarbes attenant au cimetière de la paroisse. Monseigneur a voulu accomplir lui-même les dernières cérémonies. Le convoi a traversé une foule immense qui versait bien des larmes; mais au milieu de cette douleur profonde il y avait d'ineffables consolations, car toute cette pieuse assistance ressentait tout ce qu'éprouvaient les premiers chrétiens aux obsèques de leurs martyrs ; et chacun se disait : Où serait aujourd'hui Pie IX, dans quel état seraient Rome et l'Église catholique, s'il ne s'était trouvé de nouveaux Machabées et des mères qui ont dit dans leur foi sublime : « Il n'est pas nécessaire que nos enfants vivent, mais il est nécessaire que le Vicaire de Jésus-Christ soit défendu. »

Il n'y avait point d'autre char funèbre pour le corps de Bernard que les bras de ceux qui aimaient tant autrefois à l'appeler leur maître ; ils étaient profondément tristes, mais bien fiers de leur glorieux fardeau.

Le corps a été descendu dans le caveau de famille et chacun est venu dire un dernier adieu à ce véritable soldat de l'Eglise, qui après avoir vécu, combattu sans peur et sans reproche, est mort de la mort la plus héroïque et la plus sainte. Du fond de sa tombe, il semblait dire à tous : *Je vous ai donné un grand exemple de force et de courage.*

Noble et sainte victime, repose en paix dans le Seigneur, au milieu de la gloire dont l'Église et le monde entourent tes restes vénérés. Si tu étais tombé sur un champ de bataille ordinaire, ta mort eût toujours été celle d'un brave, de glorieux drapeaux eussent ombragé ta tombe, mais aujourd'hui c'est l'étendard même de Jésus-Christ et de son Eglise qui s'est voilé de deuil pour honorer ton saint et glorieux trépas. Que ton corps mutilé repose dans le Seigneur auprès de tes aïeux.

Déjà ton âme triomphe au milieu des saintes phalanges des martyrs. Le Dieu des combats t'a donné la palme immortelle, car il a dit : *Soyez forts dans la guerre : combattez contre l'ancien serpent, et vous recevrez le royaume éternel.* Oui, il t'a donné la couronne, car tu as pu dire comme saint Paul : *J'ai bien combattu, j'ai achevé ma course, j'ai gardé la foi ; il ne me reste plus qu'à attendre la couronne de justice qui m'est réservée.*

Et toi, mon cher Louis, sèche donc enfin tes larmes. Oh! je le sais, ton Bernard avait toujours été ta joie ; il était devenu ta gloire, ton saint orgueil ; il n'a pas assez vécu pour toi, et sa mort a fait à ton cœur une plaie que rien n'a pu cicatriser encore ; mais tu l'aimais pour lui-même avant de l'aimer pour toi, pourquoi le pleurer toujours, puisque Dieu a satisfait toutes les saintes ambitions de son âme? Il n'aimait que Dieu, l'Église et sa famille : il a glorifié Dieu, l'Église et sa famille.

Il a donné à Dieu le grand témoignage du sang, en combattant, souffrant et mourant pour lui ; Pie IX a pleuré sur lui, il l'a béni sur son lit de douleur ; Rome l'admire, le monde catholique bénit sa mémoire ; les populations sont accourues au devant de ses restes vénérés comme autrefois on portait en triomphe les châsses des martyrs.

Ton fils est un de ceux qui ont le plus contribué aux premiers triomphes de l'Église. On disait sa cause perdue ; ses ennemis entonnaient déjà les chants de victoire ; ton fils est mort, mais son nom, son exemple et ceux de ses nobles compagnons de martyre ont déjà traversé le monde, réveillant de toutes parts, avec l'amour de l'Église, la soif du dévouement et du sacrifice ; leur sang a cimenté le trône de Pie IX, a donné à l'armée de l'Église son baptême de gloire, et il est de toutes parts comme une semence de héros. Et voilà que le XIXe siècle revoit l'héroïsme des croisades. On s'arme, on accourt de tous les points de l'univers catholique s'enrôler sous la bannière de l'Église. C'est un évêque qui te l'a écrit : Bernard, après être mort *martyr* est encore un *apôtre*, parce que, dans sa vie et dans sa mort, *il a donné aux jeunes gens un grand exemple de force et de courage.*

Et de quel honneur n'a-t-il pas de nouveau illustré sa famille ! Ah ! sans doute, ses douleurs et sa mort ont fait couler des larmes bien amères, ont jeté dans le cœur de tous les siens le deuil le plus profond, mais son sang et sa mort les a couverts d'une gloire incomparable, car elle est immortelle. Votre blason toujours sans tache s'était, je le sais, enrichi d'âge en âge, de Jérusalem jusqu'à Ancône. Eh bien ! s'il n'y reste plus de place, sur toutes les autres gloires, entrelacez deux couronnes d'or et écrivez en caractères rouges, c'est la couleur des martyrs :

Castelfidardo,	*Monte-Rotondo,*
GEORGES D'HÉLIAND.	BERNARD DE QUATREBARBES.

Nous avons reçu, malheureusement trop tard, communication des lettres suivantes adressées à M. le comte Théodore de Quatrebarbes, pour les insérer dans cette notice. Elles eussent grandement enrichi cet écrit, qui n'a vraiment de bon que les documents qu'on a bien voulu nous transmettre. On nous pardonnera de les placer ici, car elles sont trop belles et trop consolantes pour que nous les omettions.

Poitiers, le 10 *novembre* 1867.

Cher Monsieur le Comte,

Comme votre admirable neveu aura regretté d'être enchaîné loin de Tivoli ! Cette conséquence de sa glorieuse blessure l'aura plus fait souffrir que sa blessure elle-même.

Nos jeunes héros ont pris le pas sur les croisés et sur tous les chevaliers chrétiens; la cause était plus grande, la conscience de son caractère sacré était plus réfléchie, l'attention à se tenir purs pour être les dignes soldats de l'Eglise était plus générale; j'ose dire que l'expédition catholique du mois d'octobre 1867 devra figurer dans les annales de l'Eglise comme la plus illustre et la plus pure entre toutes les guerres saintes. Elle sera aussi, je l'espère, la plus efficace; dans les triomphes de cette campagne sont contenues pour l'Église toutes sortes d'autres triomphes que le temps mettra en lumière, et dont plusieurs sont déjà sensibles. Voilà comment Dieu tire son Eglise de tous les périls. Honneur à ceux qu'il emploie pour ses instruments ! C'est une joie de penser que vos neveux y étaient en grand nombre, et y figuraient au premier rang par la bravoure comme par la piété.

Voici que j'oublie que je n'avais pris la plume qu'afin d'obtenir de vous ou de Mme de Quatrebarbes, trois lignes sur l'état actuel du cher Bernard. On m'a dit que son père était allé le soigner. Les moindres détails qui le concernent me sont précieux.

Agréez, s'il vous plaît, monsieur le Comte, et offrez à Mme la comtesse de Quatrebarbes, mes meilleures assurances de respect et d'attachement.

Poitiers, le 26 *novembre* 1867.

Monsieur le Comte,

Au moment où je monte en voiture pour aller faire une consécration d'église, la cruelle nouvelle m'est transmise de votre part.

Personne ne compatira plus que moi à votre douleur. Madame de Quatrebarbes et vous, vous perdez un fils ; et quel fils !

Mais le ciel reçoit un héros et un martyr ! et votre race conquiert un nouveau titre à l'admiration de la chrétienté.

Vous me permettrez de vous récrire à mon retour ; je mêle mes larmes aux vôtres, mes prières aux vôtres, prières non pas pour lui, je ne lui en crois pas le besoin ; prières à Dieu pour qu'il vous console, et qu'un sang si généreux ne soit pas versé en vain, mais obtienne le salut de la cause sacrée pour lequel il a été si héroïquement offert et répandu.

Mille bénédictions à vous et aux vôtres. Dites à la famille du cher Bernard tous mes sentiments.

† L.-E., évêque de Poitiers.

Moulins, le 28 *novembre* 1867.

Chaque matin, monsieur, en ouvrant mon journal, mes yeux y couraient chercher des nouvelles de notre héroïque blessé. Ces derniers jours elles semblaient meilleures, et rendaient l'espoir de conserver encore à la sainte cause un bras qui, à lui seul, en eût valu plusieurs. Mais j'apprends aujourd'hui que tous les soins ont été impuissants ; et que ces longs jours de souffrances et ce supplice d'une amputation n'étaient destinés qu'à fournir à Monsieur votre neveu le mérite de joindre, à sa rapide immolation comme soldat, une patiente et tranquille oblation de lui-même comme chrétien.

Cette double gloire rend son sort bien enviable; et je vous avoue que, loin de le plaindre, je ne puis que le féliciter. Pouvoir se présenter à saint Pierre en se recommandant du salut de Rome, acheté par ses efforts d'une énergie surhumaine, et en ayant droit en même temps à la récompense d'une jeunesse sans écarts et d'une pieuse mort, c'est là une prédestination qui n'est pas vulgaire. On est rangé là-haut dans une phalange d'élite, et l'on y ceint une couronne qui se distingue entre les autres.

Mais ce nouvel éclat ajouté à un nom d'âge en âge si cher à l'Eglise et à la France, ne saurait qu'augmenter votre regret de ne pas voir le si digne chef de sa génération jouir de son auréole un peu plus tard dans le ciel et un peu plus longtemps sur la terre!

Permettez-moi donc une union bien sincère à vos déchirements de cœur pour ce fils d'adoption. Soyez assez bon pour en offrir l'hommage à Madame la Comtesse de Quatrebarbes, et recevez, avec son expression, celle de mes plus dévoués sentiments.

† PIERRE, évêque de Moulins.

Le commandant des carabiniers pontificaux dont on n'a point oublié l'héroïsme, et durant le siége d'Ancône et sur le champ de bataille de Mentana où il fut blessé, a manifesté dans la lettre suivante les sentiments de l'armée pontificale envers Bernard de Quatrebarbes.

BIEN CHER COMTE,

Comment vous dire tout ce que j'éprouve en vous écrivant. Je voudrais que ma plume pût vous rendre visible tout ce que mon cœur éprouve de douleur, de regret, et en même temps d'admiration pour ce jeune héros, Bernard de Quatrebarbes, qui a été rejoindre dans le ciel les héros, ses ancêtres, morts comme lui pour la défense de l'Eglise. Le bon Dieu a voulu donner toutes les illustrations à votre maison pour ce monde. Quant au monde éternel, quelle explosion d'allégresse il y aura eu en Paradis pour recevoir l'âme du glorieux défenseur de Monte-Rotondo.

S'il est vrai que les âmes des élus s'occupent de ceux qui les ont le plus aimés pendant leur séjour sur la terre, oh! je suis bien sûr de recevoir des marques de sa protection.

Vous dire ce que j'ai souffert en pensant à ce pauvre jeune homme qui était à deux pas de moi et que je ne pouvais pas aller voir, en pensant à son pauvre père, à vous-même et à Madame la Comtesse, est chose impossible. Je n'ai pas eu la consolation de revoir son pauvre père avant son départ de Rome; c'est peut-être mieux : que nous serions-nous dit?

Soyez-en bien sûr, toute l'armée a pleuré et pleure encore.

Comme vous avez la bonté de vous intéresser à moi, je vous annoncerai que ma blessure est entièrement guérie, moins un peu de faiblesse.

Je n'ose pas vous faire les compliments d'usage pour la nouvelle année qui va commencer, mais je fais des vœux pour que vous trouviez quelques adoucissements à votre douleur, et que Dieu vous laisse bien longtemps, ainsi que Madame la Comtesse et Monsieur votre neveu, à vos nombreux amis dont je suis le plus dévoué.

Votre très-respectueux et affectionné serviteur,

CASTELLA.

Les premières pages de cette notice étaient déjà livrées à l'impression, lorsque nous avons reçu le travail si remarquable que le Père P. du Reau a donné sur Bernard dans *Les Etudes Religieuses*. Nous regrettons de ne pas l'avoir connu plus tôt, nous n'eussions pas, pour bien des motifs, hasardé ce faible essai, car personne ne pouvait mieux faire connaître le martyr de Monte-Rotondo que ce saint Religieux, qui a été le plus intime ami de Bernard, et avec lui un des plus brillants élèves de Vannes. Comme lui, il serait allé avec ses trois frères se dévouer sous le drapeau de Pie IX, si, par un sacrifice non moins grand, il ne s'était enrôlé sous la bannière de saint Ignace. Son extrême modestie, qui rappelle saint Louis de Gonzague, nous défend d'en dire davantage.

www.ingramcontent.com/pod-product-compliance
Ingram Content Group UK Ltd.
Pitfield, Milton Keynes, MK11 3LW, UK
UKHW031941260826
14628UKWH00004B/1780

9 782012 395411